AF280823

Auflage, Experimentelle Lyrik „Stimmen", Juli 2010
© by joachim dieter schulze

Herstellung und Verlag:
Books on Demand GmbH, Norderstedt
ISBN 978-3-8391-8961-0

Stimmen

Sieben Episoden vom Mann für den Mann

Poesie des Jähzornes
Teil II

Joachim Dieter Schulze

Vorwort

Finden Sie nicht auch, daß es irgendwie mystisch wirkt, fast ein wenig bedrohlich, etwas zu überprüfendes ist und auf eine Behandlungsbedürftigkeit hinweist: Ich höre Stimmen!

In sieben kleinen Episoden tische ich Ihnen in diesem kleine Büchlein Stimmen der besonderen Art auf. Stimmen, die herausfordern, sich Gefechte liefern und immer auf taube Ohren stoßen. Bis verrückt wurde und es krachte ...

Es ist sehr männlich, wie die Stimmen hier sehr männlich bleiben und sie reiben auf. Nur manchmal stimmen Frauen, wenig schüchtern, hier mit ein. Sie alle betreiben etwas, (beinahe) einen Mord, einen Totschlag und niemand weiß, was los ist, worum es geht, was es mit uns macht. Die Stimmen sind da, äußern sich in Sätzen, verhandeln und betreiben Politik. Wir alle haben mit unserer Stimme bereits einmal abgestimmt, unsere Stimme in die Urne geworfen, wobei sie verbrannte. Ihr folgte das Schweigen, schließlich stimmten wir ab. Das Ergebnis? Nun, lassen Sie sich überraschen.

Dieses Büchlein enthält übrigens Auszüge aus der Novelle „Nur über meine Leiche", die ich vor einigen Jahren verfaßte und die als zweiter Band des Zyklus Poesie des Jähzornes in konkreter Poesie geschrieben wurde. In ihr geht es konkret weniger um Stimmen, es geht um Unterscheidungsmerkmale und Möglichkeiten einen Mord, auch einen politischen, von einem Totschlag abzugrenzen. Die Novelle ist eine ganzheitliche Abhandlung aus der Position des Ich-Erzählers. Die Episoden hier haben den von der Novelle vorgegebenen Stil nicht gebrochen. Allerdings fasse ich die Auszüge in sieben Episoden zusammen und ich wünsche Ihnen viel Spaß beim Schmökern!

Jochen Schulze

Einleitung: Die Zeit davon

Eine phylosophische Meditation (sublim)

Die Zeit davon. Ich mag es resonieren, wie ich zu solch einer Annahme komme. Denn schließlich darf ich ja glauben, daß die Zeit immer mit mir ist, bei mir bleibt und mich immer mitreißt. Warum diese Angst vor dem Verlust der Zeit? Sie ist allen Menschen zueigen!

Ewigkeit und ein Sehnen nach ihr, einem Ergreifen und Erreichen wollen, danach. Zeit ist dann nur ein Gespür, ist Stille und Ruhe in mir; ein Pol der Ewigkeit. Es scheint, sie ist auch ein Motor, der Antrieb in mir. Ein Zuruf, ein Befehl – Du mußt es bis dahin erreichen!

Warum ist mir Zeitverlust nicht ganz egal? Ich spüre etwas verloren gegangenes. Woran mißt sich dieser Verlust, wenn nicht an dem Gespür für den Tod? Durch ihn werden Ziele, Wünsche und Hoffnungen unerreichbar. Er läßt mich verzweifeln sogar und meine Ahnung von ihm macht so viele Absichten, die ich hege, sinnlos, aussichtslos. Vieles war bis jetzt erfüllt und wie groß kann meine Angst werden, vor dem Unerreichbaren, durch den Tod – wie groß meine Enttäuschung?

Dabei waren es gerade auf meinen alltäglichen Wegen nur Kleinigkeiten, durch die mir Zeit verloren schien. Hürden versperrten mir das Erreichen des großen Zieles. Sie raubten mir die Kraft. An ihnen blieb ich stecken, traumerwacht. Und dann immer noch dieses Zeitgefühl, Vergangenes, gegenwärtig, Zukünftiges. Und Du schreibst es in etwa: der Nullpunkt des Jetzt ist das Nichts. Aber ich bin; soviel weiß ich allgegenwärtig von mir. Ich glaube, auch diese Erkenntnis, und sie ist zwingend, bereitet diese Urangst. Und aus ihr entwickelt sich vielleicht auch diese Urkraft der Wahrnehmung; schließlich auch die für die Ewigkeit. Großartiges muß doch erreicht bleiben!

Gott sei es gedankt, daß es möglich bleibt, sich zur Umkehr zu entschließen. Gegen die Zeit, die unerreicht bleibt, weil sich der Wunsch nicht erfüllt, denn ich hätte ihn erreicht. Und auf der Umkehr entwickelt sich der Sinn für das Wesentliche, das Wichtige, um sich zu retten. Groß war Dein Wunsch, mit den Wäldern, mit den Bergen zu verschmelzen, mit ihnen eins zu werden. So vermutest Du die Ewigkeit, in Dir und mit der Ganzheit des Lebens und sahst so das Ziel erreicht. Aber die Angst vor ihr, ausgerechnet, die vor der Ewigkeit, ließ Dich erwecken. Sie ließ sich als der Tod vermuten, in ihr mag er schlummern, die Zeit verschlafen. Noch bist Du wach und auf Deinem Rückweg findest Du Erfüllung, den Sinn für das Beherrschbare, durch den Du bleibst. Du weißt, zu beherrschen, Dich selbst zu beherrschen und entfaltest Deine Macht für Dich und gegen die Ewigkeit. Diese Niederlage wandelst Du so zu Deinem Sieg. Deinem Sieg über die Ewigkeit, Deinem Sieg über den Tod, Deinem Sieg über Dich selbst, so weit gedacht. (Gerade spürte ich alle Zeit verloren, ungeduldig geworden!)

Gib es nicht auf sondern laß uns durch sie, die Ewigkeit, überrascht bleiben!

Säbel rasseln!

Nur gut, Gudrun. Nur gut? – Oder noch besser:

„Wenn uns an der Aktion der RAF 72 etwas bedrückt, dann das Mißverhältnis zwischen unserem Kopf und unseren Händen und den B 52. KOMM! Hier noch mal einfach. Wir sind auch verantwortlich, für die Angriffe auf das CIA-Hauptquatier und das Hauptquartier des fünften US-Korbs in Frankfurt am Main. KOMM; KOMM! Und auf das US-Hauptquartier in Heidelberg. KOMM! In sofern wir seit 72 in der RAF organisiert waren, in ihr gekämpft haben, und am Prozeß der Konzeption ihrer Politik und Strukturen beteiligt waren. Insofern sind wir sicher, auch verantwortlich für Aktionen des Kommandos zum Beispiel gegen das Springer-Hochhaus, (KOMM, KOMM!) deren Konzeption wir nicht zustimmen, und die wir in ihrem Ablauf abge-lehnt haben. Zu erwägen ist nicht ein Wider-standsrecht in der Bundesrepublik, wie es hier nicht um Rechte geht. Sondern, was die Politik der RAF ausdrückt, ist das Bewußtsein der Pflicht zum Widerstand in der Bundesre-publik. KOMM! Und das exakt war zwei Tage lang der Inhalt unserer Erklärung zur Sache, wie das heißt. Also nicht nur die Erklärung für Verantwortung sondern was Verantwortung gegenüber imperialistischer Politik nur sein kann: Widerstand, Kampf. Das hat der Text, der im Januar hier gekommen ist, artikuliert. Das Gericht hat ihn ignoriert – eine Reaktion, die nur zwei Deutungen zuläßt: Sie haben nichts verstanden. Aber wahrscheinlicher: (P...) darf die Veranstaltung nicht abkürzen. Weil sie von der Dramaturgie des Bundestagswahlkampfes abhängt." – Von nun an nur gut, doch wie sehr vereinnahmte es unser Leben? – KOMM!

DAS WAR. Schritte verhallten. Schritte dort hin. Dort hin? Wir schreiten. Vorwärts! (bisweilen leisetretend?). Vorsichtig! Das ist ...
DAS WAR, Schritte für Schritte, Tritt für Tritt, Hagel, Bombenhagel, Kanonendonner, mal weit mal fern mal hier, Sirenen die mit uns heulen, mal da, Menschen die mit uns schreien, immerfort, plötzlich auf Schritt und Tritt nur rennen, rasen und auf und davon um den Attacken zu entkommen.

DAS WAR, ...
...ja, ich finde das auch sehr erstaunlich, denn daß ist ja eigentlich eine Er-

klärung die eine erhebliche Relevanz hat. Nämlich die Darstellung von Verantwortung und Verantwortlichkeit. DAS WAR. Bezogen auf Ihr Ritual hier. DAS WAR? Und sie figurieren es wieder, d. h. Sie versuchen eine einfache Erklärung dazu, drei Sätze die im Grunde wirklich das Ungeheuer, dem Sie hier vorsitzend füttert, DAS WAR die unterbinden Sie einfach. Das ist wirklich sehr interessant. Sie glauben inzwischen, daß Sie diesen Prozeß hier gar nicht abkürzen können – na, hören Sie doch mal auf, zu grinsen – egal was sich hier ereignet, nicht abkürzen können, weil er tatsächlich vollkommen bestimmt ist, von der Dramaturgie des Bundestagwahlkampfs. DAS WAR? Darauf ist dieser Prozeß bezogen. Das ist anzunehmen, zumindest. Punkt. Deswegen ist es gar nicht so relevant, was hier gesagt wird, was hier für Zeugen auftreten, das ist alles – spielt überhaupt keine Rolle, es läuft, es rollt die leere Fassade. DAS WAR ... – Aber ich wollte noch mal sagen, die Anträge sind möglich, weil sie zwei Zusammenhänge vermitteln. Sie fassen, erstens, wenn das überhaupt juristisch möglich ist, etwa die Widersprüche, aus denen diese Politik sich entwickelt hat, und überhaupt möglich war. DAS WAR? DAS WAR! Rede des Andreas B. DAS WAR? DAZWISCHEN.– War Zusammenkunft aus Niedertracht; ZURÜCKGEKNÜPPELTE. Einst bestimmten Stalinorgeln den Takt in ihren Korälen. Totenmessen gab man keinen Raum.

Sie blieben liegen, im blutdurchtränktem Matsch der davon aufgeweichten Erde oder versanken zwischen den Schollen der aufgerissenen, frosterstarrten See. KAME-RADEN, die gemeinsam fielen oder hätten sie es gemeinsam überlebt? In Stalingrad und andere in Vietnam. Wegbegleitende Erinnerungen der Alten sowie der Älteren, denen ich entgegenwuchs. Schritt für Schritt, hinfort von ihren Räten, ihren Berichten und Erzählungen hinterher. Um sie aufzuhalten denn es ist nicht auszuhalten. In langen Reihen, nicht Flucht davon, zielstrebig voran, Demonstrationszüge der Sympathisanten, irgendwie lockerer, in Boots hinterher anstelle lederner Stiefel und im Gleichschritt Marsch. DAS WAR. Mit langen Haaren DAS WAR und olivgrünen Parkern DAS GEHT unterwegs. Wir hatten davon gehört und gesehen. DAS WAR. Wir fordern FRIEDEN, radikal. DAS WAR. Abkehr von der Aufrüstung! DAS WÄRE.

Sie trafen sich am frühen Abend und die Stimmen der fünf waren nicht bis zu ihnen hindurchgedrungen. Lediglich die Nachricht von ihrem unnatürlichen Ableben hatten sie verstanden, siegreich, damit fertig geworden, na, klar, nicht einmal erwartet sondern d(a)rauf. DAS WAR ... – Bereits beim Betreten des Sitzungssaales begrüßte der Bürgermeister die bereits Anwesenden mit dem Hinweis, daß das Fußballspiel nicht auf sich warten ließe und es würde im Fernsehen übertragen. Das meinte: SCHNELL! Verdunkelung bereitet Müdigkeit. Bald eröffnete er die Sitzung und der Schachtmeister meldete sich zu Wort und er sagte:

„Moment mal Herr Ratsvorsitzender. Zu Punkt Vier der Tagesordnung sind ja noch einige Unstimmigkeiten, da kommt man ja nicht ganz mit, was im Tagesordnungspunkt Vier genau aufgeführt ist." –
WAR ES SO WICHTIG?

„Ist das Römisch Vier oder ist das Punkt Vier?",
fragte der Bürgermeister? - Nein, er ging auf ihn ein.

„Nein, es ist Punkt Vier.",
beharrte der Schachtmeister.

WEG! Der Bürgermeister... weg, weg, weg, verstand den Einwand nicht, jedenfalls tat er so, der Sinn, der sich hinter der Frage verbarg und er fragte: „Unstimmigkeiten? In wie fern?" – WEG?

„Da sind doch noch so einzelne Punkte drin, unter Absatz Vier a, b und c.",
sagte der Schachtmeister.

„Ach, das ist das Protokoll, oder was?",

fragte der Bürgermeister. WEG? –

„Protokoll! – Wurde doch gerade gefragt, danach.",
antwortete der Schachtmeister.

„Wo war das? Punkt ...?",
fragte der Bürgermeister. –

„Punkt Vier." –
Der Schachtmeister wird ungeduldig. (WEG)
der Bürgermeister:

„Ja. Wo da? Absatz C?", fragte er.

„Absatz Vier!",
wiederholte sich der Schachtmeister und er präzisierte: „Nach Abstimmung mit dem Bürgermeister ... – Ja? Das ist unserer Fraktion nicht ganz klar, weil es unter Punkt Vier heißt, wenn ich das zitieren darf: Vier. Der Vorsitzende weist auf die Ungezogenheiten des Herrn Prall als Vertreter des Herrn Eckbrecht durch folgendes Verfahren in einem schriftlichen Verwaltungsrechtsverfahren hin ... – Da bin ich der Meinung, daß ich zumindest als VA-Mitglied·nicht voll aufgeklärt worden bin."

„In wie fern nicht?", fragte der Bürgermeister.

„Ja. – Weiter nichts. – Erst mal." sagte der Schachtmeister.

14

Harre!

HARRE! Mord ist auch RUFMORD! DAS WAR? Säbelrasseln. HAARE! Mit gewisser Nachwirkung trieben sie längst Keile zwischen die Generationen. Also bitte. Kommislängen hatte der Kaiser bereits vorgeschrieben und dessen Geist wirkte noch unmittelbar auf die Erziehung des Bürgermeisters und seinen Vorstellungen über das gerade noch erlaubte Maß über den Fliegenschiss hinweg. Aus scheinbar kluger Erwägung heraus hatte man ihnen längere Haare verboten. Es setzte allgemeingültige Normen und wehe dem, der dagegen verstieß, damals. AN DEN HAAREN herbei! PRÜGEL! PRÜGEL-KNABEN waren diese; sind wir UND ES WIRD WEITERHIN ERWARTET. Unter Zwang GESCHORENE! DAS WAR! – Sein Haar setzt die Zeichen für die Bereitschaft zu einer neuen Gesellschaftsordnung: Es ist vorbei! Sie markieren den Generationskonflikt. Es war nackenlang, locker und wellig. Im Gegensatz zu dem der Älteren, die trugen es auf Streichholzlänge, (konservativ) und streng gescheitelt, den Nacken frei! (Kopp-Ab-Schnitt). DAS WAR! Ohren frei! Damit sie besser hören können, aufhören, -horchen, müssen, sollen! Mit seinem Vollbart, den er pflegt, dem seines

mittleren Alters wegen bis jetzt jede Ergrau-
ung fehlt, den er nicht ganz so lang und wal-
lend trägt, wie Karl Marx es tat, der mittel-
blond nicht zottete sondern voluminös sproß,
das Kinn bedeckte und die Mundpartien mit
unauffälligem Schnauzer abrundend betont -
so wirkt er dann groß - dem die Fortsetzung
des haarigen Spektakels über die Wangen
hinweg bis hinauf zu den Ohrläppchen ingän-
ze fehlt, damit setzte er mehr als Akzente: es
zeigt Gesinnung und weltanschaulich seine
Entschlossenheit zur Selbstbestimmung und
Freiheitlichkeit gar zum Zwecke des Bekennt-
nisses zur NEUEN LINKEN, organisiert in der
SPD. Die der Kinder der Vierziger Jahre setz-
ten es so durch – Roger nutzte damit jetzt die
kleine Pause, die entstanden war um das
Wort zu ergreifen. Er tat es mit Strenge, mit
tiefem Ton:

„In wiefern ist hier Herr Prall als Vertreter des Herrn Eckbrecht im Verwaltungsrechtsverfahren ausgewiesen worden? – Hier
fiel also der Name Prall?"

Der Bürgermeister stockte. Er antwortete
scharf auf die Frage des Lehrers und seine
Stimme krächzte:

„Es ist also so, daß Herr Prall Herrn
Eckbrecht im Verwaltungsrechtsverfahren,
das jetzt von uns aus abgeschlossen ist, vertreten hat."

„... von der Dramaturgie des Bundes-

17

tagwahlkampfs. Darauf ist dieser Prozeß bezogen. Das ist anzunehmen, zumindest. Punkt. Deswegen ist es gar nicht so relevant, was hier gesagt wird, was hier für Zeugen auftreten, das ist alles, spielt überhaupt keine Rolle, es läuft, es rollt die leere Fassade. Aber ich wollte noch mal sagen, die Anträge sind möglich, weil sie zwei Zusammenhänge vermitteln. Sie fassen, erstens, wenn das überhaupt juristisch möglich ist, etwa die Widersprüche, aus denen diese Politik sich entwickelt hat, und überhaupt möglich war. Und Sie machen zweitens im Ansatz transparent, was der Gegenstand dieses Verfahrens ist, genauer, was der Gegenstand rechtlicher Erwägungen hier überhaupt – hier überhaupt nur sein könnte. Nämlich die totale Bestimmung, Kontrolle und Verfügung dieses Staates nach Innen und Außen – Verfügbarkeit dieses Staates nach Innen und Außen – für die Weltinnenpolitik des Hegemonialen, des US-Kapitals. D. h. die zentrale strategische Position der Bundesrepublik als ökonomisches, politisches und militärisches Subzentrum des amerikanischen Imperialismus hier entwickelt an seiner Funktion erstens, für die offene Aggression gegen die Völker der Dritten Welt, konkret an Vietnam und zweitens die verdeckte Aggression gegen die Staaten der westeuropäischen Peripherie. Aber juristische Kategorisierungen sind nur qualifizierter Ausdruck realer Machtverhältnisse. Die

18

Anträge der Verteidigung werden also, wie sich das in ihrer ganzen Geste schon andeutet, unmittelbar natürlich hilflos sein. Das infame Ritual – hier wird sich die Argumentation wälzen – als wäre sie überhaupt nicht gesprochen worden. Und auch nicht gesprochen worden – so sehen wir Sie nämlich, als ein Reflex – enorm schwacher – des globalen Klassenkapitalismus der das ganze politische Leben in den kapitalistischen Metropolen und wesentlichen seit sechs Jahren militarisiert haben. Einen Ausdruck dieser Militarisierung ist dieses Gericht und seine Verfahrensweise. Aber daß Worte überhaupt keine (...) mehr haben, sprich unbedingt jenes der Politik, der Aktion, die Sie hier verurteilen sollen. An ihr halten wir ganz sicher fest. Und wir stellen es hier nur noch einmal fest: zielgenau ist es, diese monströse Unwirklichkeit des Projekts, wie sich die Staatsschutzköche definiert, wie sie hier seit zwölf Monaten tagt. Tatsächlich hat gegenüber der verdeckten Konzeption dieses Verfahrens ein faschistischer Militärgerichtsprozeß wenigstens die Würde der Eindeutigkeit einer Maßnahme die sich zu ihren Mitteln bekennen kann." –

Also nur Mord ist das Wort? Zwischendurch zog es Andreas B. in der Nase wieder hoch. Er schniefte. Ebenso der Bürgermeister schniefte. Auch ich leide bis jetzt dieses psychotische, immer wiederkehrende Schniefen (also

19

gut, man geht doch nicht zum Arzt, alleine deswegen!) sippenhaft bedingter, dauernder Erkältung aus aggressiven Luftzügen unterwegs auf unseren Straßen aus lauter Angst vor dem Niederschießen dort, seiner Möglichkeit jetzt, haben wir es uns dort geholt. Auch auf Busse warten, gerät uns oft zum Straßenkampf. Wir müssen los. Ob wir es wollen oder nicht. Es geht dort hin und Angst ißt unsere Seele auf, dabei. Also, wir heulen, überspielen unsere Tränen, auch die um sie, Tränen, die nach innen wirken, den Körper entzünden, neuerliche Keimherde entwickeln; spielen Unterdrückung, die darin Umgekommenden, Flüsterer, die Täter, die Attentäter und weinen aus der Angst vor neuen. Tränenlos, verborgen. Egal aus welcher Richtung Schüsse fallen, Bomben streuen. Mit Worten geschossen war. Und so gerät mir die Hege der Sympathie mit ihnen, (mit welcher Tat?), zum Anlaß, mich plötzlich angsterfüllt abzuwenden, verwirrt wegzu- laufen, vom schlechten Gewissen angetrieben, für einen Augenblick mitzuglauben und vor ihnen hinweg. Auseinandersetzungen gehören kultiviert. Gehabt zu haben. Weil die Gewalttätigkeit des Staates, wie ich sie in Bildern und Nachrichten erfuhr, wie sie in Rasterfahndungen, in die ich unerwartet geriet, manchmal in einer Weise an die Mechanismen diktatorischer Vernichtungsak- tionen aus früherer Zeit erinnern, über die nicht nur ich allein, über die wir, mit denen ich zusammen hocke, uns entsetzten und uns außerdem unwillkürlich entsetzten, aus der Angst vor der eigenen, nicht nur politischen, sogar physischen Eliminierung geboren. Wir sind die Jugend dieser Gesellschaft, so wie Baader noch dazugehörte, der scheinbare Vorkämpfer, der seinen guten Ruf verlor, zunächst, dann gar sein Leben, der gemein sei und besonders gewalttätig aber wir nehmen uns gar nicht so wichtig, wie der Staat es von sich vorgibt, daß er es täte, aus Sorge um uns. Die Berichte aus Stammheim zeigen nicht nur mir eine Art der Überfürsorglichkeit, auf die ich gerne Verzichten mag. Auch viele andere glaubten an Mord; befürworteten ihn sogar, damit endlich Ruhe ist. Wer abhaut, wird erschossen und erkennen dieses Motiv nicht einmal als nieder. Fronten zum Mord! Die der Mörder. Jener heimtückischen Kraft, die auf das höchste Rechtsgut eines Menschen abzielt, das viel höher wiegt, als alles die Besitzstände eines Menschen betreffende Rechtsgut überhaupt. Mord vernichtet Leben, auch mein Leben ist von ihm bedroht. Er ist infam und grausam, niederträchtig und er entsetzt die betroffenen Hinterbliebenen durch seine anmaßende Gewissenlosigkeit, mit der er sein Opfer schlicht hinrichtete, in seiner Gestalt eine maßlose Selbsterhebung des Täters über sein Opfer darüber entschieden zu haben, ob andere überhaupt existieren dürfen, müssen oder sollen. Er ist absichtlich schmerzvoll, brachial, arrogant wie dekadent.

Worte wirken manchmal wie Schüsse auf eine Person. Mit ihnen erklären sich Absichten, denen dann Taten folgen sollen. „BLEIB HIER UND HALTS MAUL! Leichtfertigkeit ist richtungsweisend und sorgt dann für jene Mißverständnisse, die den Sprecher plötzlich, ungewollt, hineinziehen, weil sie durch die Erwartung aller anderen für eine Verfangenheit sorgen, allein seiner Glaubwürdigkeit wegen und zur Vermeidung des Gesichtsverlustes, plötzlich eine Konsequenz im eigenen Verhalten und Handeln zutage zu legen, von denen er glaubt, daß alle anderen sie verlangen. Aus Freiwilligkeit entwickelte sich der Zugzwang dazu. Überordnung verlangt Unterordnung. Der Mörder gebietet Unterwerfung sogar. Seine Hand rächt die Verweigerung seines Opfers, sie geküßt zu haben. Mit Handkuß schlägt er aber zu. Tretende Füße fragen, was wir da haben? Auch Unterordnung führt zur Wohltat, weil ich in ihr verschwinden darf, davor, mich zurückziehen kann, erholen, und neue Kräfte sammeln. Sie ist die Mäßigung des unerbittlichen Verlangens aber eben auch die eines Mörders. Auch ich erhalte Aufträge und als Soldat sogar die zum Mord, im Interesse eines anderen. Dann sind es politische Aufträge und damit die Allgemeinheit betreffende. Das relativiert mein Handeln, das plötzlich nicht mehr meines sei, weil es befoh-

len war. Außerdem private und somit schutz-
bedürftige, nur mich selbst betreffende Aufträge entstammten ihren Befehlen. In ihr, in
meiner Privatsphäre, kann ich am ehesten
Kräfte tanken, mich selbst finden und ich ler-
ne es, mich von manchem abzugrenzen, aus
lauter Angst davor. Visionen. Visionäre. Revo-
lutionen. Revolutionäre. Es bedeutet mir eine
totale Hingabe an das öffentliche Leben und
Interesse, in der ich unter absolutem Selbst-
verzicht mein Dasein auf das Verlangen und
Vorhaben aller anderen reduziere unter Verzicht auf Kleinbürgerlichkeit, und Plüschsofas
finden durch Bambusmatten ihre Ablösung,
aus geheuchelter Solidarität mit denen in Vietnam und alles nur über meine Leiche. Auto-
fahren bedeutet Autowaschen an Sonntagen
als Kirchgang-Ersatz. Mein Leben wähne ich
dann zu einem Rädchen in einer perversen
Maschinerie herabgesetzt, die in der Hauptsa-
che verlangt, daß ich funktioniere; nur über
meine Leiche zu funktionieren habe.

Aus den Publikumsreihen ertönte eine bar-
sche Stimme, die den Bürgermeister hellhörig
machte, vielleicht auch eine dagegen, eine un-
verbrannte:

      „Das stimmt nicht Herr Bürger-meis-
ter, wenn ich das sagen darf.“

      „Herr Prall!“, rief der Bürgermeister
schroff. Prall ließ sich nicht beirren, unterbrach den Vorsitzenden und wiederholte seine
Äußerung laut und böse geworden:

„Das stimmt nicht!"
Dem Bürgermeister platzte der Kragen und er rief mit äußerster Härte:

„Herr Prall, ich erteile Ihnen ein Ordnungsruf! Das ist klar, ja?",
und er ignorierte den Einwand des Zuschauers, des Ungebetenen, des Abgewählten der seine Stimme beim letzten Wahlgang an der Urne selbst verbrannte. Geschickt drängte der Bürgermeister auf den weiteren Ablauf der Sitzung und gab Roger das Wort zurück:

„Rüdiger?", sprach er. –
Aber Roger schweigt. – Dann:

„Ja. Das habe ich eben erklärt.",
nimmt der Bürgermeister erneut das Wort auf, versucht, sich zu rechtfertigen:

„Herr Prall hat Herrn Eckbrecht im Verwaltungsrechtsverfahren vertreten. Nicht etwa vor Gericht. Vor Gericht war das noch gar nicht. Sondern bei uns, im Vorverfahren."
WEG, WEG. Worum es geht? –

„Und unter den Schriftsätzen steht der Name Prall, oder was?", fragt Roger.

„Herr Eckbrecht und Herr Prall. Aber er ist offenbar als Vertreter des Herrn Eckbrecht aufgetreten. Das ist außerdem nachweisbar. – Damit wir völlig klar sehen.",
antwortete der Bürgermeister mit Nachdruck.
Roger grenzte es ein:

„Du hast aber eben schon ziemlich abgeschwächt gesagt, er ist offenbar aufgetreten."
Der Bürgermeister ruft es ihm streng:

24

„Er ist klar aufgetreten als Vertreter von Herrn Eckbrecht. Mehrfach! Das können Sie meinetwegen, meine Herren, vor das Verwaltungsgericht bringen. Wenn Sie Spaß daran haben. – Noch Zweifel?" –
Im Hintergrund beginnt es zu murren und aus den Reihen der Opposition entwickelte sich Widerstand.

Isolationen

„Noch Zweifel." –

Der Schachtmeister hielt die Sache noch nicht für bereinigt. Da stört ´was.

„Das ist nämlich eine der Ablehnungs-gründe, daß nämlich Ihre Disposition die ist, und das ist uns heute Morgen klipp und klar mitgeteilt worden, die Alternative für uns ist, die Möglichkeit und das heißt zeiweiligen, rechtlichen Gehör´s hier (... in der Veranstal-tung hier) uns dafür den Preis zu zahlen, fünf oder sechs Stunden Isolation, da unten in den Zellen oder drüben im Umschluß, das heißt, zu der minimalen Modifikation der Iso-lation, die sie drüben eingeräumt haben. Sie haben also, was Sie so großartig öffentlich verkünden lassen das haben Sie im Zusam-menhang mit der Hauptverhandlung wieder vollständig liquidiert.",

sagte Baader oder hat es hiermit nichts zu tun. Da stört etwas. –

„Dazu bin ich befragt worden, von mei-ner Fraktion, und ich muß ja meiner Fraktion Rede und Antwort stehen, also, das ist auch bei uns nicht im VA verhandelt worden, und dann sage ich hier auch kein Geheimnis aber dies war nicht ganz sachbezogen. In dieser Angelegenheit. Und da muß ich sagen, äh, da muß ich eben Roger unterstützen, weil diese Anfrage auch ganz besonders von Roger kam, an mich, da muß ich sagen, da bin ich nicht informiert gewesen, genau informiert, in dieser Angelegenheit.",

argumentierte der Schachtmeister. –

Isolation führt zur Vereinsamung, zur Verblödung, zur Gedankenlosigkeit, weil es an Interaktion fehlt, an Kommunikation, die für inneres Leben sorgt, Geborgenheit vermittelt und den einzelnen in seiner Persönlichkeit bestätigt. Sie ist uns verboten, weil Grausameit verboten ist. Sie bestimmt zumeist das niedere Motiv in den hieraus folgenden Taten.

„Brauchst Du ja auch nicht, Werner." geht Jochen dazwischen. –

„Das ist ja im Protokoll der letzten Sitzung. Und da hat der Bürgermeister, äh, was vorgelesen aus einem Schreiben. Das hast Du mitgehört und das haben alle anderen auch mitgehört. Das ist also keine Sache, die nur im VA beschlossen werden sollte, oder die der VA beschließt, sondern das ist eine Mitteilung gewesen im Rat. Ob die richtig gewesen ist oder nicht richtig, das ist jetzt außer Diskussion." –

28

„So, gut Jochen.",

antwortet der Schachtmeister:

„Dann wäre ´s ja persönlicher ..., – wenn ich es erwidern darf? Zur persönlichen Mitteilung für Dich – ...das wir dann aber ganz genau aufgeklärt sein müssen. Denn ich muß mir ja von meinen Kollegen von meiner Fraktion etwas bieten lassen, daß sie mich das fragen und ich ihnen, und ich ihnen dann keine genaue Auskunft geben kann. Ich kann ihnen das nur genau so sagen, wie Du mir das eben gesagt hast." -

„Das haben wir ja alle mitgehört.", antwortet Jochen. Der Bürgermeister fügt dem hinzu:

„... da ist ja ganz offen drüber gesprochen worden. – Gut meine Herren, sind dazu Beanstandungen? Echte Beanstandungen? Dies war eben eine Klarstellung!"

„An drei Tagen in der Woche, an drei Tagen in der Woche ist hier Verhandlung, findet faktisch kein Umschluß statt, findet kein Hofgang statt, schon gar kein verlängerter, ist die Situation der Gefangenen die, daß sie in schallisolierten, schalltoten, fensterlosen Zellen vier oder fünf Stunden am Tag sich aufhalten müssen. Und zwar vollständig isoliert. Also auch der Umschluß zur Zwei, den Sie ja inzwischen zugestanden haben, ist da unten wieder liquidiert, wie wir festgestellt haben heute",

verhandelte Andreas B. – Nur dumm?. Er ist nur dumm, sagen alle. Zu dumm! Der Protokollführer sagt: „Wenn das offensichtlich ist, das Herr Prall als Vertreter gekommen ist, dann muß das hier auch mit rein." – Der Bürgermeister antwortet: „Ja. So ist das ja auch geschehen. Herr Prall hat uns, neben Herrn Eckbrecht ...", er beginnt zu stottern, vielleicht ist es zu dumm und er verliert seine Gedanken, zu dumm „... hat uns ... – Herr Prall hat uns in der Eckbrechtschen Verwaltungsrechtsangelegenheit, na, sagen wir mal, einanhalb Stunden examiniert. – Das dürfte reichen. Und zwar das erste Mal, in einer Zeit, wo Herr Prall noch Bediensteter der Samtgemeinde war. Auch das ist klar.", erklärt der Bürgermeister.

„Na ja. Aber wir machen das kurz. Ablehnungen – daß wäre so wie so nur eine Lächerlichkeit gewesen – mit wird ihn ... hier nicht loswerden, (...) wir sind sicher hier drin, daß Sie hierbei aber an Ihrem eigenen Urteil arbeiten. Sie versuchen hier den, in dieser Verhandlung hier, Ihren eigenen politischen Inhalt – Ihren politischen Inhalt mit zu artikulieren und Ihre Methoden und Ihre Bedeutung stützt sich auf den Widerspruch ...",

beschwerte sich Andreas B. ... und uns auch

30

zu dumm, zuzuhören, einzugestehen, zu mildern. Die Angst vor der eigenen Liquidation bestimmt unser Handeln und man sagt im Falle der Vernichtung habe sie eine gewollte abschreckende Wirkung, wenigstens gehabt. In der agitatorischen Auseinandersetzung bewirkt diese Angst die Bereitschaft zur Gewaltnahme um sich selbst zu verteidigen, um sich zu retten. Notwehrmaßnahmen scheinen uns legitim und die Frage hierbei ist, wer sie herausfordert(e). Hieran relativiert sich die Frage der Schuld. Und um sie festzustellen, gehört ermessen, wer die Tatherrschaft ausübt.

Täter sind wir alle, hauptsächlich auch in politischen Auseinandersetzungen. In ihr bestimmt die Wahl der Mittel das Maß der Verhältnismäßigkeit, die es zu ermessen gilt. Dort fielen Schüsse; in Frankfurt und in Heidelberg, knallten Bomben, schlug es an. Der Mauerbau galt anfangs als nur wenig gelungen und man besserte nach. Montierte Streusplitter- Anlagen, die schließlich auf sich (auf sie, auf die, selber zielten) und trotzdem haben wir hier im Westen große Angst davor und hören nicht auf uns darüber zu empören. „Wer abhaut, den bringen sie um!", dieses Motiv war nicht als NIEDER verstanden; es bedeutet uns Vereinnahmung, mehr noch, Einverleibung, Versklavung. Ihre Särge sind wie unsere, so wie die Haare jene natürliche Solidarität mit ihnen aufzeigt, die mich persönlich von manchem verdächtig erscheinen läßt. Die Reden im Gemeinderat zeugen in ihrem Wesen von einer Härte, mitunter von einer Unerbittlichkeit, daß es mich abschreckt, mitzureden, mitzudenken, parteizuergreifen – hinzugekommen. Die der Gefangenen erscheinen viel weicher, weil unterlegen und auch deshalb provoziert es ein Maß an Solidarität. Mit ihnen, und nach ängstlicher Erwägung kaum mit ihren Taten.

Conditio sine qua non

„… wesentlich – zwischen diesen Beschluß – in dem Sie versucht haben, uns loszuwerden, uns als Gefangene zu drängen hier, nach all den anderen Versuchen, die Verteidigung zu zerschlagen, in diesem Verfahren, die Gefangenen verteidigungsunfähig zu machen, auch nach dem Versuch abrupt die Anklagebank leerzuräumen, um nicht hier (…) konfrontiert zu sein und den Beschluß, äh – des Bundesgerichtshofes …" – Weil es wirklich sinnlos ist. Ich entwickele um so mehr Gedanken, die Pläne schmieden, bei aller Sinnlosigkeit in meinem Tun schließlich doch einen Sinn zu finden, in dem ich ihn, wenn die anderen es schon verweigern, ihm einen Sinn verleihe. Der Sinn zu Morden kommt mir dabei gar nicht in den Sinn, weil mir mein Leben etwas wert ist, weil ich es ausreichend liebe, trotz all der Leichen, die mir das Leben so zeigte, und trotzt Mathe und Englisch, in dem ich ebenso wenig kapiere wie in den Taten mancher der Politischen. Es ist es mir wert, mich zu wehren, mich innerlich des Selbstschutzes wegen zu rüsten, gegen jene Vorwerfbarkeit der Spießer, mich aus meinem Versagen nicht mehr retten zu können, mich aufgeben zu müssen, wenn ich beide Fächer nicht packe. Schließlich wäre ich dann nur ein Hilfsarbeiter, womöglich bei Conti und dort schneide ich mir jenes Gesicht, das von der Verkommenheit zeugt, die eine Verelendung am Arbeitsplatz ohne Autarkie bedingt; auch bei jenen, die ich in den Stadtteilen aufsuchte, zunächst um mit ihnen zu reden, letztlich um mich davon zu überzeugen, wie stupide Arbeit Menschen herunter bringen kann. Hierin erkennen andere das Tatmotiv mancher, die ohne Berufsabschluß aber von gehobener Bildung sich nur unqualifiziert verdingen müßten und sich hauptsächlich deshalb militant zu wehr setzen. Ein Strudel tut sich vor mir auf; in den auch ich geraten könnte – aber ich muß doch! – während ich darüber nachdenke, über den Aufgaben brüte und keine Konzentration für sie finde, weil anderes mich viel mehr beschäftigt. Ich habe während dessen darüber nachgedacht, auch darüber, nach Brockdorf mitzufahren, abermals auf die Gefährlichkeit und die Unbeherrschbarkeit der Atomkraftwerke hinzuweisen, nicht weil alle es tun, die ich kenne, auch das galt es zu erwägen, sondern weil ich trotz des Scheiterns bei schwierigen Mathematikaufgaben mich dagegen wehre, meine Existenz in diesem sozialen Gefüge der Gesellschaft für nicht ausreichend wertvoll, schlicht für minderwertig zu halten, wenn ich die von ihnen gestellten Aufgaben nicht bewältige, weshalb ich mich außerdem selbst politisch entmündigen sollte. Jetzt ausweichen zu können, hält mich vielleicht davon ab, jene Aggressivität zu entwickeln, die sich gegen Vertreter der Staatsorgane richteten. Auf einer Demo schlugen Autonome mit Spaten auf Polizisten ein, die in einen Graben gestürzt waren. Auch das war Mordversuch. Dann geschah es an einem Tag im April, als auf einer breiten Vorfahrtsstraße der Dienstwagen der Bundesstaatsanwaltschaft von einer roten Ampel gestoppt wurde, während dessen ein schweres Motorrad an das wartende Auto herangefahren war und einer von den zwei Personen auf dem Motorrad sofort das Feuer aus einer halbautomatischen Schnellfeuerwaffe eröffnete und zigfache Schüsse auf die Personen in dem Fahrzeug abgab, worauf alle drei, zwei von ihnen noch am Tatort, der dritte wenige Tage später in einem Krankenhaus verstarben. Man schoß hier nicht auf Persönlichkeiten, man metzelte das Staatsorgan und es schien ihnen egal, wer es verkörperte, weil man endlich damit aufhören sollte, den Terrorismus weiterhin strafrechtlich zu verfolgen, weil die Bewegung ohnehin siegen wird? Nein! Weil Skrupellosigkeit vielleicht auch in der Veranlagung jener Täter zu verdächtigen ist aber hauptsächlich halte ich sie bei jenen für sozialisiert. Natürlich hielt ich die Gefangenen in Stammheim für Teilhaber der Bewegung, die sich damals in der APO und im SDS zusammenschloß, dann wieder auseinander lief, sich in den jetzt hochaktuellen K-Gruppen westdeutscher Kommunisten splittete und in der Bewegung der Grünen einen bürgerlichen Gegenpol erfuhr, der sich als stärker werdende Protestbewegung mehr und mehr salonfähig durchzusetzen scheint, auch weil namhafte Schriftsteller und Intellektuelle öffentlich in dieser Bewegung aktiv sind und frei agieren und in der die meisten die politische Zukunft sehen, weil wir nur das Gute wollen und es unanfechtbar auch tun? Die Gefangenen haben so den Anschluß verloren, weil sie nicht mitziehen können, weil sie in ihrer politischen Absicht auch von den meisten draußen nicht mehr ernst genommen werden und deshalb unrettbar zurückgelassen sind. Die Entfremdung geschah sicherlich zwangsläufig, nicht nur weil ihre vorsätzlich begangenen Gewalttaten zunächst idealistisch motiviert, dann materialistisch orientiert nur noch als Gewohnheitskriminalität zu erkennen waren, mit der sie Raubüberfälle planten und Banken überfielen, hierbei Menschen erschossen und sehr viel Geld erbeuteten, weil sie es für den Unterhalt ihrer illegalen Konspirationen so dringend benötigten. Noch fehlte dem Staat jedes Resozialisierungskonzept und die politisch motivierten Straftäter hatten nach ihren Entlassungen kaum Chancen, im normalen, bürgerlichen Leben wieder fußzufassen und ihre verletzte Eitelkeit wird es ausgeschlossen haben, sich nun vorbestraft für die Arbeitsplätze der sogenannten Werktätigen zu interessieren um sich dort unterzuordnen. Verblendung und Selbsttäuschung sorgte für eine politische Verklärung ihrer Straftaten, mit denen sie sich selbst zu rechtfertigen versuchten. Zur Erhärtung dieser Annahme fielen neuerliche Schüsse, während Andeas B. und Gudrun E. noch im Gefängnis und Ulrike M. sowie Holger M. längst tot waren und andere von den Häftlingen nicht einmal bekannte Personen vorgaben, sie würden sich für ihr Schicksal in Haft interessieren, tatsächlich aber nur einen begonnenen Bürgerkrieg fortsetzten, in dem das Schicksal der Protagonisten nur Nachrang erfährt, weil es um den Sieg geht und nicht mehr um das Leben. Aus einer Kette von harmloseren Gewalttaten, die sich zunächst lediglich gegen Sachen richtete, entwickelte sich inzwischen, aus Chancenlosigkeit geboren, die Vorwerfbarkeit des Hochverrates, Conditio sine qua non, als eine Bedingung die nicht hinweg gedacht werden kann, ohne daß der konkrete Taterfolg entfallen wäre. Begangen mit jeder weiteren Tötung eines Menschen und hierbei zunächst nur den einfachen Mord zu erkennen in Anlehnung an die Wiederherstellung aller Rechte der in Stammheim einsitzenden. Anschuldigungen der Staatsanwaltschaft gegen Andreas B., der sich in solch fataler Kausalität organisierter Schwerstverbrechen in einer Weise verstrickt sah, die er schließlich als Oberhaupt einer zunächst politischen, dann aber als kriminell erkannten und auch agierenden Bande plötzlich für geplante Taten zur Rechenschaft zu ziehen war, die er selbst als Begehungsdelikt nicht einmal begangen, vielleicht sogar nicht einmal angeordnet hatte, weil er die Täter nicht einmal kannte, die sich auf sein persönliches Wohl beriefen, als man ein Flugzeug entführte, den Piloten erschoß und schließlich ein weiteres Opfer entführte, verschleppte und mittels Genickschuß prompt hinrichtete, als die Flugzeugentführung und der Versuch einer erneuten Befreiung der Gefangenen blutig scheiterte. Wonach es nur noch wenige Stunden benötigte, bis die Eilmeldung über alle Sender ging, daß auch die Gefangenen in Stammheim durch Selbstmord ihren Tod gefunden hätten. –

„Mörder!",
schrie einer ihrer Anwälte vor laufender Kamera. Was hat das mit unserem Leben jetzt noch zu tun denn sie scheinen uns endlich besiegt? –

Valuta

„Hier steht aber nur etwas von einem Gespräch.",
präzisierte Roger. Der Bürgermeister stimmte dem zu und stellte fest:
„Deshalb halte ich es auch für notwendig, daß es dem Rat durch Protokoll mitgeteilt ist. Im offiziellen Gespräch. – Weitere Wortmeldungen dazu? Das ist nicht der Fall. Dann kommen wir zum nächsten Punkt der Tagesordnung. Das wäre Beschlußfassung über die Verlängerung des Darlehens. – Meine Herren! Die Gemeinde hat ein Darlehen laufen, bei der Bank hier im Dorf, das am Ende des Jahres nach Vereinbarung mit der Bank abläuft. Die Bank hat den Antrag gestellt ..., zumindest zu wissen ... – ... sie sind bereit, zu verlängern. Oder wir sollen es abbezahlen, das ist klar. Der VA schlägt vor, hat vorgeschlagen, daß wir uns bei unserer Entscheidungsfindung orientieren sollen an der Sachaussage dazu, vom Kämmerer. Das sieht also folgendermaßen aus, daß wir, Valuta heute, hundertachtunddreißigtausend Mark, daß wir das zurückzahlen wollen, sollen, sollten."

Der Bürgermeister zweifelt und der Schachtmeister fragt:

„Noch mal, die Summe ..." –
Der Bürgermeister wiederholt: „Hundertachtunddreißigtausend Mark. Praktikabel
wäre also eine Rückzahlung. Meine Herren,
sind da Wortmeldungen zu?" Der Baumeister
meldet sich zu Wort: „Wenn die Möglichkeit
besteht, sollte man das Darlehen zurückzahlen. Denn wir hatten in der VA-Sitzung und
das wäre gleich zweckmäßig, daß man das
zumindest in diesem Zusammenhang mal
vortragen würde, gehört, wie hoch der Schuldenstand der Gemeinde besonders die kurz-
fristig aufgenommenen Darlehen, im Bereich
von vierhundertfünfzigtausend Mark, abgesehen von den langfristigen Darlehen, die
wir ...,"
er verlor seine Gedanken und setzte dann
fort:
„... und, und wenn wir diese kurzfristi-
gen Darlehen in diesem Fall, wenn die Möglichkeit besteht, so haben wir es ja eben über-
nommen, nicht zurückzahlen, so haben weitere, eine weitere Zinslast, so war das glaube
ich, so glaube war das letztes Mal, in der letzten Verwaltungsdienstaufsichtssitzung zu hören, von jährlich zwanzigtausend Mark. Dann
wäre es zweckmäßiger, einmal zurückzuzah-
len, und diese zwanzigtausend Mark für,
dann, für freiwerdende Investitionen zu ver-
wenden, anstatt dies vor uns herzuschieben.
Aber insofern wäre es mal gut, den ganzen
Schuldenstand hier mal klarzulegen, daß wir
für die Entscheidungsfindung da besser ori-

entiert sind."

Der Bürgermeister antwortete hierauf:

„Ja. Das wollen wir gerne tun. Das hat aber mit diesem Tagesordnungspunkt nichts zu tun. Wir müssen uns hier erst mal an die Tagesordnung halten. Das könnte nachher, da bitte ich doch sehr, unter den Berichten, ich bitte mich daran zu erinnern, können wir uns drüber auslassen. Aber hier sollte man ... – oder wird es gewünscht? – ... um eine Entscheidung zu finden? Das ist eigentlich nicht notwendig, denn ..."

Es meldete sich ein Zwischenrufer aus den Reihen der Ratsherren zu Wort. Er fragte kurz und knapp:

„Zinssatz? Darf ich das fragen?"

„Sieben Prozent.",

antwortete der Bürgermeister, worauf der Ratsherr darüber hinaus wissen möchte:

„... und wie hoch ist das Darlehen noch ´mal? „Einhundertachtunddreißigtausend, rund.",

antwortet der Bürgermeister.

„Das waren einmal ...",

aber er wird von dem Ratsherren noch einmal unterbrochen:

„Valuta?", fragte er.

„Valuta!",

bestätigte der Bürgermeister.

„Das war einmal 200..., 1971 oder wann?,

und der Ratsherr murmelt fragend:

„Das kriegen wir doch nach unserer Meinung hin?"

„Das kriegen wir und außerdem nach Rücksprache mit unserem Kämmerer hin.", bestätigte ihm der Bürgermeister. Worauf Albrecht sich zu Worte meldete: „Ich möchte außerdem mal sagen – wenn die – wenn die wirtschaftlichen Verhältnisse das zulassen, daß wir das Darlehen tilgen sollen – es handelt sich also um das Darlehen wenn ich das richtig verstanden habe, es dreht sich hier um den Ortskern, und da ist ja an sich auch die Zeit abgelaufen, selbst, wenn wir da noch die Erschließungsmaßnahmen vorfinanzieren, dann sollten wir aus reinen wirtschaftlichen Gründen das Darlehen ... – Wenn Kämmerer und das Rechnungsprüfungsamt das sagen, das ist unserer Kassenlage zuzumuten, dann würde ich dem zustimmen."

„Ist in Ordnung. Weitere Wortmeldungen?"
pflichtet dem der Bürgermeister bei. Der Schachtmeister sagt:

„Ne. Dazu kann man nur noch eines sagen, daß wir das ganz kurz in der VA-Sitzung abgesprochen haben ...",
er unterbricht sich und wendet sich an die Bedienung:

„... noch ´nen Wasser!", sagt er zu ihr und setzt fort:

„... eine Gesamtsumme von einhundertsiebzigtausend die auf uns zukommen. Daß wir die hundertzweitausend Mark schon abzüglich haben, und dann bleiben uns noch die fünfundsiebzigtausend Mark. Und diese Restsumme sollte zu dieser Tilgung verwendet werden. War meine persönliche Meinung."

„Deckt sich also mit der Meinung von Albrecht.",
sagte der Bürgermeister.
„... nach Meinung der CDU-Fraktion," stellt der Schachtmeister klar und er fügt hinzu:
„... was dann ja auch die SPD dann befürworten würde."
Jochen sagte hierzu:
„Ja, dann müssen wir, glaube ich aber, dann müssen wir das aber auch offiziell sagen. Hier steht nämlich im Beschluß des VA, weil man noch nicht weiß, wie hoch die Bedarfszuweisung ist ... – wurde das denn inzwischen festgelegt, wie hoch die Bedarfszuweisung ist, inzwischen? Vielleicht sehen wir dann das ein wenig klarer?"
Der Bürgermeister sagte hierzu:
„Gut. Ich wollte das eigentlich hier nicht verbreiten. Ich wollte dir nicht sagen, daß wir eine Bedarfszuweisung erhalten, aufgrund eines Antrages von vor etwa drei, vier Monaten. Wir haben aber da schon, mit unserer, sagen wir mal, mit unserer Haushaltspolitik darauf hingewirkt, und dieses Jahr sind wir nun zum Zuge gekommen. Ich wollte die Summe eigentlich nicht sagen. Aber es ist schon praktisch gesagt worden, und hier wird

es gefordert, dann muß ich sagen: Einhundertsiebenundsiebzigtausend."

Und der Rat freute sich in seiner Vollständigkeit über die Mitteilung des Bürgermeisters und spendete einheitlich Applaus, indem die Männer trommelnd auf ihre Tische klopften.

„Gut, meine Herren! Ja, dazu müssen wir uns mal bedanken, seitens unserer Kämmerer, und namentlich beim Prüfungsamt, und namentlich auch bei der Gemeindeaufsicht. Das muß ich sagen. Denn jetzt kann ich ja auch noch ein Stück weiter gehen. Die Gemeindeaufsicht des Kreises hat fünfzig Prozent ...",

er verbessert sich:

„... nicht fünfzig Prozent sondern fünfzigtausend Mark Kreismittel da mit ´reingesteckt. Das wird, meine Herren! – Also Wortmeldungen zu diesem Antrag auf Abzahlung des Darlehens?" –

„Weiter keine Wortmeldungen mehr? Also ich laß jetzt über folgenden Beschlußvorgang abstimmen ...", fuhr der Bürgermeister fort. Jochen stellte eine Frage, seines besseren Verständnisses wegen:

„Alles, oder was jetzt? Die einhundertachtunddreißigtausend kommen weg, oder worum geht es jetzt?" –

„Alles!",

antwortet ihm der Bürgermeister. Er spricht:

„Gut. Das Darlehen soll im Wirtschaftsjahr 1978 getilgt werden. – Wer ist für die Annahme des Beschlußvorschlages? Ich bitte um Handzeichen. – Danke sehr! – Gegenprobe! – Enthaltungen? – Nicht der Fall? Somit Einstimmig."

Langsam knallt es

„... ich möchte mal, ich möchte sagen, wenn wir nicht bis um zwölf Uhr hier aushalten wollen, dann könnt ich das machen. Aber, ich möchte sagen, das würde langweilig werden. Ich möchte sagen, daß die Hauptpunkte da aufgeführt werden, vor allen Dingen, was das Rechnungsprüfungsamt da-zu sagt. –
„Also ..., Willem!",
geht Friedrich dazwischen. –
„... Du hast ´ne Anfrage gestellt. Wenn einer das durchlesen will, soll er es durchlesen. Ich würde dazu Fragen stellen." –
Der Bürgermeister sagt hierzu:
Bitte! Ich bitte dazu um Wortmeldungen. Wollen wir so verbleiben? Oder? Ein anderes Verfahren? Ich bitte um Wort-meldungen dazu!

„... den bewaffneten Widerstand organisieren, die Klassenkämpfe entfalten, die Rote Armee aufbauen. Die Frage, ob es richtig ist, bewaffnete d. h. illegale Widerstandsgruppen in der Bundesrepublik und West-Berlin zu organisieren, ist die Frage ob es möglich ist. Die Antwort darauf kann nur praktisch ermittelt werden. Alles andere sind Spekula-

tionen. Nur Opportunisten konnten die Baa-
der-Befreiung als abenteuerlich, putschis-
tisch, anarchistisch abtun, nach dem der Er-
folg bewiesen hatte, daß sie unter richtiger
Einschätzung der eigenen und der Kräfte der
Bullen durchgeführt worden war. Die politische Macht kommt aus den Gewehrläufen." –

Und endlich knallte es. Schilder werden Ziel-
scheiben und aus Übermut beschossen. Nur
Baader war es? Bei nächtlichen Ausfahrten,
womöglich mit gestohlenen Fahrzeugen und
unterwegs in den Metropolen? Betonsilos gehören nicht bewohnt, auch sie gehören beschossen. Ihre Wohnungen ertragen kein Dasein; sie dienen zum Unterschlupf. Kleinkram
des Bürgertums mißverstand jene Schüsse.
Erst im ertragbarem Weltgefüge wird Straßen-
bau zur Strategie und somit sinnvoll? Auto-
fahren ist kein Spazierenfahren, es ist dann
Manöver. Widerstand ist Straßenkampf und
den dort besprochenen nahm man nicht zur
Notiz, er wurde so militant bekämpft. Mit-
mach-Wahnwitz habe ich zu überdenken und
überdenke so den Tod.

Der Bürgermeister begann zu erläutern:
       „Habe ich dargetan, wenn ein Schrift-
satz, den das Gericht ..." -
Er unterbrach sich und begann zu verlesen:
       „Das Grundstück 24 auf 48 war zur
Zeit der Entstehung der Beitragspflicht eine
grundbuchliche Einheit. Und das, meine Her-

ren, ist maßgeblich dafür; nur das ist relevant für die Beurteilung der Rechtslage. Unter Hinweis auf die Ausführung im Widerspruchsbescheid auf Seite Zwei oben, ist grundsätzlich im Erschließungsbeitragsrecht vom grundbuchrechtlichen Begriff des Grundstücks auszugehen. Welcher Verkehrsbeziehung die Bewohner des auf dem Grundstück stehenden Hauses zu den angrenzenden Erschließungsanlagen nehmen, ist erschließungsrechtlich ohne Bedeutung. Ebenso unbegründet ist die Grundstücksnummer. Ihre Einteilung lediglich eine Erwähnungsangelegenheit, die mit der Frage der Erschließung durch eine andere Straße selbst zu tun hat. Eckgrundstücke sind beitragspflichtig für jene Straßen, durch die sie erschlossen werden können. -

So! Jetzt geht es so weiter, mit den Schriftsätzen. Dann habe ich hier noch mal in einem Schriftsatz – das hat der Baumeister hier mit beigefügt, in Ablichtung – will ich noch mal einen Satz, den ich da wieder benutzt habe – eben auch sehen – in dem letzten Schriftsatz – noch ´mal vorlesen, hier ...: ...tatsächlich ist es deshalb nicht unwahrscheinlich, äh, daß irgend wann für den ostwertsliegenden Mietwohnanteil zur Schlesischen Straße geschaffen wird. Tatsächlich ist es ohne großen Kostenaufwand möglich und es bestehen keine rechtlichen Hinderungsgründe, für den Anschluß beider Wohnanteile an der Schlesischen Straße."

„Meine Herren! Das ist dann so weiter

gegangen, äh, und im V.A., äh, der V.A. ...
Antrag gestellt worden, daß der ganze Rat
sich dieses Grundstück mit dem Haus, richtiger Doppelhaus, sagen wir mal, ansehen sollte. Das hat der V.A. empfohlen. Mehr kann
der VA einfach nicht machen. Zwischenzeit-
lich ist aber ein Urteil eingegangen, das werde
ich gleich zur Beantwortung vorlesen, und
damit, glaube ich, kann auch verzichtet werden, darauf, auf die Besichtigung des Hauses.

Langsam knallt es! Der Baumeister fällt dem
Bürgermeister ins Wort aber der Bürgermeister spricht verärgert weiter:
        „...von Erschließungsbeiträgen zustän-
dig." –
Der Baumeister unterbricht ihn unwillkürlich:
        „Darf ich, darf ich vielleicht mal
doch ..."
Der Bürgermeister blieb unwillkürlich hart
und sagte:
        „Nein! ...ich das mal ganz vorlesen, ja!"
Worauf hin der Baumeister unwillkürlich antwortete:
        „Das gehört ja gar nicht mehr dahin."
– Langsam knallt es! Der Baumeister fällt
dem Bürgermeister ins Wort aber der Bürgermeister spricht verärgert weiter:
        „...von Erschließungsbeiträgen zustän-
dig." –
Der Baumeister unterbricht ihn unwillkürlich:

„Darf ich, darf ich vielleicht mal doch ..."
Der Bürgermeister blieb unwillkürlich hart und sagte:

„Nein! ...ich das mal ganz vorlesen, ja!"
Worauf hin der Baumeister unwillkürlich antwortete:

„Das gehört ja gar nicht mehr dahin."

„Ich lese das vor! Es erscheint daher billig, keiner Partei die Umstände, die jetzt zur Aufhebung des angefochtenen Bescheides geführt haben, anzulasten.",
sagte Der Bürgermeister streng und erklärt dann: „... und zwar habe ich seiner Zeit den Antrag gestellt. Ich habe immer schon geglaubt, daß wir die Zuständigkeit vor anderthalb Jahren, daß äh, in einem anderen Verfahren, daß wir nicht zuständig seien, das Gericht sollte es auf die Samtgemeinde übertragen. Das hat das Gericht abgelehnt und ich mußte die Klage weiter vertreten. Im Hinblick auf die Erfolgsaussichten der Klage, und der Aussetzungsantrages, erschien es darüber hinaus billig, dem Kläger die und jetzt bitte ich, aufzupassen, die überwiegenden Kosten des Verfahrens dergestalt aufzuerlegen, daß er seine Anwaltskosten selbst tragen muß. Denn Klage bzw. Antrag hätten voraussichtlich überwiegend keine Erfolgsaussicht gehabt. Abgesehen von der möglicherweise unberechtigter Weise in die Erschließungskosten miteinbezogenen Kosten des nicht erfolgten

Grundwertes, das ist eine andere Geschichte, sind durchgreifende rechtliche Bedenken gegen die Heranziehung nicht ersichtlich. Insbesondere trifft das Argument des Klägers nicht, der zur Mühlenstraße hin gelegene Teil des strittigen Grundstückes werde von der Schlesischen Straße nicht erschlossen. Es handelt sich um ein Eckgrundstück das grundsätzlich von dem an das Grundstück angrenzende Erschließungsanlagen erschlossen wird, nur wenn rechtliche oder tatsächliche Hindernisse, das habe ich ja auch mit aufgeführt, den Zugang zu einer Erschließungsanlage hindern, wird es von dieser nicht erschlossen... – ... und es wird zu dieser nicht beitragspflichtig. Tatsächliche Hindernisse in diesem Sinne bestehen hier nicht. Dabei ist hier nur an technisch unüberwindbare Hindernisse, z. B. eine Felswand ... – ich hatte dazu gesagt, gemeindliche Mauern zu denken. – Daß das Grundstück mit einem Doppelhaus bebaut ist und durch eine Mauer und einen Zaun in zwei Hälften geteilt ist, stellt im rechtlichen Sinne keine tatsächliche Unmöglichkeit des Zugangs zum gesamten Flurstück zur Schlesischen Straße aus dar. Maßgeblich ist zudem allein der dem Erschließungsrecht bürgerliche rechtliche Grundstücksbegriff, nämlich das Grundbuchgrundstück ..."

Im Hintergrund wird Jochen ungeduldig und er grummelt:

„... das Flurstück ist, wie den vorgelegten Unterlagen zu entnehmen ist, ein nicht geteiltes Grundstück in diesem Sinne. Überdies handelt es sich bei der Mühlenstraße um eine vorhandene Straße, die nicht erschließungsbeitragspflichtig ist, wie von der Beklagten, der Gemeinde also, vorgetragen worden ist. Das Grundstück des Klägers gilt rechtlich auch nicht als Eckgrundstück, weil als solche neue Grundstücke gelten, die an mindestens zwei erschließungsfähigen Straßen liegen. – Der Beschluß, meine Herren, ist unanfechtbar. Das steht hier gleich mit drunter. Und somit meine ich, erübrigt sich jede Rede im dieses Schreiben des Ratsherren und Baumeisters an den Rat der Gemeinde . Ich bitte um Wortmeldung dazu!"

Der Schachtmeister sagte:

"Herr Ratsvorsitzender! Ist das ein Grundsatzurteil vom OVG?", was der Bürgermeister verneinte. Er gerät leicht ins stottern und fährt fort:

"Das Grundsatzurteil über den Kostenentscheid. Aber bei dem Kostenentscheid muß nach § 161 VGO der Sachstand zu dem Zeitpunkt, wenn das Verfahren abgesprochen wird, müssen Berücksichtigung finden, ja?"

"Meine Frage war, ob das ein Grundsatzurteil war, vom Oberverwaltungsgericht?", sagte der Schachtmeister noch einmal unzufrieden.

53

„Ach was. Braucht doch nicht.", wimmelte der Bürgermeister ab.

„Das wollte ich ja nur wissen.", antwortete der Schachtmeister.

„Das braucht nicht. Also dies geht nicht höher hinaus. Die Kammer III des Verwaltungsgerichts Braunschweig in Lüneburg entscheidet.", erklärte der Bürgermeister. - Jochen braust auf:

„... ja, aber, ... daß das, ... wie ist das hier ..."

Tot (tranzendent, unwillkürlich, geschlagen)

Der Bürgermeister greift schnell durch:

„... da war zuerst eine Wortmeldung?"
– Erneut knallt es unwillkürlich:

„Ich weiß nicht so ganz, warum das ganze hier verhandelt wird. Es geht hier ja bloß um die Beweisführung, dessen, ob es ein geteiltes Grundstück ist oder ob es ein einheitlich zu bewertendes Grundstück ist. Das meine ich, war allein der Grund, warum ich daß hier vorgetragen habe und, äh, wenn Du in diesem Schreiben – ich darf diese Seite eben noch mal vorlesen, darauf stütze ich mich hier: ... es ist deshalb nicht unwahrscheinlich, daß irgendwann für den ostwärts liegenden Mietwohnanteil des Hauses eine Zulegung zur Schlesischen Straße geschaffen wird. Tatsächlich ist das ohne großen Kostenaufwand möglich ...; usw. Und das, und da meine ich, wenn Du solch eine Behauptung aufstellst und dem Gericht das mitteilst, dann muß man tatsächlich zweifeln. Das wollte ich dem Rat mal sehr deutlich vor Augen führen. Wenn ich hier schreibe, wie ich es hier nochmals ganz klar herauskristallisiert habe: Nun

versucht der Bürgermeister in seiner Eigen-
schaft als Gemeindedirektor dem Verwaltungsgericht zu beweisen, daß für die Woh-
nung Weingarten wahrscheinlich irgendwann
ein Zugang – im Gehwegrecht – geschaffen
wird ... ; und ich meine, wer die Örtlichkeit
kennt, der weiß sowieso, daß es fast unmöglich ist, wenn man eine Mietpartei nicht total
irgendwie verärgern will. Und wer es nicht
kennt, wer die Örtlichkeit nicht kennt,
deswegen habe ich gebeten, der Rat möge
sich mal geschlossen von der Örtlichkeit zu
überzeugen... – Wer sich überzeugt hat, der
weiß es, daß es fast unmöglich ist, da müßte
schon der Mieter Ohlden, die Familie Ohlden,
äh, derart Nachteile inkauf nehmen und
würde so verärgert, daß es mit Mietnachteilen
inkauf genommen werden müßte. Was sollte
wohl für eine Veranlassung vorliegen, daß
Frau Weingarten über den Hof Ohldens zur
Schlesischen Straße geht. `ne Zufahrt dafür
bekommt, kann noch nicht mal daran
vorbeigehen, muß über das Podest
´rübertreten und die Garage – hinterer Weg –
das meine ich, dem Rat gegenüber mal
deutlich zu sagen ... – ... so etwas schreibt der
Bürgermeister an ´s Verwaltungsgericht!"

„Herr Rechtsanwalt ...",
knallt der Bürgermeister unwillkürlich dazwischen und der Baumeister verliert die Fas-
sung:

„... ich das bald nicht mehr

57

begreifen ..."

Unwillkürlich knallt der Bürgermeister und jetzt knallt er besonders scharf:
„Herr Recksanwalt Zapf ...", aber der Baumeister knallt unwillkürlich:
„... nicht mehr begreifen ..."

Der Bürgermeister setzt fort:
„Herr Rechtsanwalt Zapf und Du selbst auch, davon bin ich überzeugt, daß ihr so viele Rechtskenntnisse habt, ja, daß das gar nicht so sehr relevant ist. Weil da immer wieder darauf ´rumgehackt wurde, habe ich das, das macht man ja, man will nichts auslassen, ja, habe ich das man so ´n bißchen, wie das praktisch aussieht, habe ich das mal ein bißchen dargetan, nur rechtlich war das schon ohne Bedeutung, das war mir schon völlig klar. Das war überhaupt kein Grund. - Jetzt zu diesen beleidigenden Äußerungen. ... aber darüber wollen wir jetzt nicht mehr reden, jetzt ..."
Der Baumeister empört sich:
„...beleidigend ist das überhaupt nicht gewesen. Ich habe nur die Tatsachen geschildert."
Der Bürgermeister entgegnet ihm stotternd:
„... das ist, das ist ...".
Aber der Baumeister setzte sich durch und sagte rasend: „... denn soviel Beweismittel hin, e, hä, an den Haaren herbeizuziehen. ...das meine ich, geht allmählich wohl zu weit.

Ich frage den Rat, und alle Ratsherren, wer würde sich das wohl an meiner Stelle so gefallen lassen? Das möchte ich mal wissen, solch eine Behauptung hier überhaupt aufzustellen ..."

Der Bürgermeister keift unwillkürlich:

„... Die Tatsache ...", aber der Baumeister unterbricht:

„Die Tatsache, was rechtlich dem Richter vorgetragen wird, mag alles hin und her sein, was die da alles vorträgst, was Du da alles vorträgst, Du so sagst, immer, das ist so, das ist so, das ist so ... – Das ist Deine Meinung. Ob das so ist, das entscheidet das Gericht."

Der Bürgermeister pariert:

„Das hat das Gericht bereits entschieden." –
Der Baumeister wird unwillkürlich unwirsch(er):

„Ja. Das weiß ..." –
aber der Bürgermeister nimmt ihm das Wort aus dem Munde und setzt fort:

„... daß ich Recht hatte. Und das ..."
Der Baumeister unterbricht und entgegnet:

„Ja, das hätte ich schon längst ...",
worauf der Bürgermeister sich sein Wort zurückholt:

„...und wußte der Rechtsanwalt Zapf auch, ..." –
Der Baumeister zaudert unwillkürlich:

„...hier geht es um Deine Beweisführung!"

Der Bürgermeister entgegnet:

„Meine Herren! Das kann niemand anzweifeln, ..."

Der Baumeister zetert Unverständliches dazwischen während der Bürgermeister fortsetzt, sich zu erklären:

„... Gerichtsbeschluß ..."

Der Baumeister brüllt:

„... um Deine Beweisführung geht es. Um Deine Beweisführung ..."

Der Bürgermeister:

„... Gerichtsbeschluß versiegelt ...

Der Baumeister sagte ungeduldig:

„... ja.",

während der Bürgermeister weiterspricht:

„... da kann ich ja wohl schlecht lügen."

Der Baumeister sagte resignierend:

„...ja, ja. Um Deine Beweisführung geht es mir hier. Die einzige Wahrheit, was Du für Methoden anwendest, um hier andere Leute ´reinzulegen!"

Das glaubte der Bürgermeister kaum von sich, blieb zunächst etwas zögernd und sprach:

„... nja..., also... Ich will davon absehen, noch eben die Stellung zu übernehmen. Hier war eine Wortmeldung ...",

fragte er und Albrecht meldete sich zu Wort:

„Ich meine, wir hätten uns im VA auch schon darüber unterhalten, und äh, das klingt ja da auch so ´n bißchen durch, so ´n Blödsinn kann einer allein wohl nicht gemacht haben. Ich habe damals schon gesagt, daß äh, noch niemals der Rat sich direkt mit, äh, Veranlagungen und derartige Dinge beschäftigt hat, das war immer und zu allen Zeiten auch in der Samtgemeinde so, Verwaltungsangelegenheit. Aber wenn wir damals darüber schon in der VA darüber diskutiert hatten, dann habe ich da die Meinung vertreten, wenn das grundbuchlich schon ein Grundstück ist, dann kann man ja nun nicht für alle Zeiten von den Mietern Weingarten und Ohlden ausgehen. Es wäre sicherlich doch gar kein Problem, zu sagen, ich mach´ das morgen so und morgen so. Dann kommt dort ´n Jugendheim oder wat rein, kommen alle Mieter ´raus, Mauern weg, Jugendheim ´rein. Was ist denn? Denn diese Mauer ist ja in der Tat kein wirkliches Hindernis, ich habe da gesagt, das dauert ´ne Stunde, dann ist das Ding weg."

Der Bürgermeister ergänzt:

„Und im Übrigen kann man mir auch keine Härte vorwerfen. Viele Leute im Dorf wissen, mit denen ich vor Gericht stand, daß ich eine außerordentliche Toleranz immer an den Tag gelegt habe. Sonst würden vielleicht die Klagen schon früher entschieden worden sein. Gut, aber meine Herren! Jetzt Wortmeldungen."

Jochen bringt sich in die hitzige Debatte ein:
„...dazu möchte ich noch etwas fragen.
Hier aus dem Schreiben geht jetzt hervor, daß
es nicht mehr Sache der Gemeinde ist, sonder
der Samtgemeinde? – Hingehen oder nicht?
der Rat hat überhaupt keinen Einfluß?"
Der Bürgermeister antwortete:
„Der Rat? Nie gehabt!"

Der Baumeister sagte:
„Darum geht es ja auch gar nicht. Es
geht darum, sich zu überzeugen, von dem,
was der Bürgermeister geschrieben hat.
Darum geht´s."
Dem Bürgermeister reicht es:
„Das kann ich nur ansehen, als eine Be-
schwerde gegen mich, für den Rat."

Der Baumeister sagte:
„Natürlich!", worauf Friedrich das
Wort ergreift und sich an den Baumeister
wendet:
„Darf ich vielleicht um´s Wort bitten.
Von dir grundsätzlich wirklich nicht schön,
von einem Mann, der wirklich lesen und
schreiben kann und auch noch das Können
hat, so zu formulieren. Auf der anderen Seite
will ich, (...), Du bist so clever im Erschließungsrecht. Wir haben praktisch vor acht
oder zehn Jahren darüber diskutiert, und gesprochen, und, äh, das weiß doch jeder, ganz

genau, daß im Erschließungsrecht die Grundstücke zählen und nicht die Hauseinheiten. Wenn du clever gewesen bist, hättest du, vor, weiß nicht vor wieviel Jahren oder vor langer Zeit oder jetzt kurz vorher, die Flurstücke geteilt. Vielleicht wäre es dann geglückt."

Der Bürgermeister sagte darauf:
„Das hätte auch noch nicht immer genützt."

Und Friedrich setzt fort:
„Ja, ich meine, vielleicht wäre es das dann geglückt." –
„Nein, es hätte nicht geglückt.", antwortete ihm der Bürgermeister. Friedrich entgegnete ihm:
„Ja, aber es wäre die einzige Möglichkeit gewesen, daß irgendwie auseinander zu fummeln. Oder die einzige Chance vielleicht. Aber so, so kann man Miet- äh, zwei Hauseinheiten faktisch doch nicht ..."
Jochen unterbricht und sagte zum Baumeister:
„... das ist doch ein Grundstück."

Der Baumeister wendet sich an beide und spricht ruhig und belehrend: „Ganz kurz. Ich darf, zur Erwiderung dessen, weil, Friedrich, wenn das tatsächlich der Fall gewesen wäre, daß es grundsätzlich so gehandhabt würde, als ein Grundstück, weil, wer grundbuchlich für ein Grundstück ... Eintrag gehalten ha-

ben, sogar ab wann, ab gen wüßte..." –
er kommt in´s stottern
„... dann würde ich dazu ja gar nichts
sagen. Daß ich gegen Veranlagung der Eckgrundstücke, äh, in vollem Umfang bin, das
habe ich schon immer gesagt. Das ist eine andere Sache. Aber so clever sein usw., Friedrich, da mußt du, denen auch, äh, im Grund-
satz wohl näher erläutern, der Rechtsanwalt
Zapf, der sagt, es gibt ein Grundsatzurteil, für
Eckgrundstücke, wenn die faktisch zwei Ein-
heiten bilden, daß es dann auch getrennt ver-
anlagt wird. Und darauf stützt er sich. Und
ich wäre ja wohl dumm, wenn ich das nicht
wahrnehmen würde. Und wenn hier zur Beweisführung solch eine Irreführung an den
Tag gebracht wird und hier schriftlich zu Pa-
pier gebracht wird, dann mein´ ich, denn
müßte man ..., äh, wie hast du das eben aus-
gedrückt? Äh, mit Schriftsache usw. versucht
zum Ausdruck zu bringen. Ja, hier, bitte,
wenden Sie sich an den Bürgermeister ..." -
Der Bürgermeister unterbricht die Debatte:

„Meine Herren, dazu mußte ich sagen,
wenn ich eine Klage vertrete, dann nicht meiner Person wegen, sondern ich vertrete dann,
ich hatte dann den Auftrag vorher erhalten,
vom Rat, ich vertrete dann die Interessen der
Gemeinde. Und ich habe das ernsthaft wahr-
zunehmen, denn dabei fallen ja auch Prozeß-
kosten an. Ja? Und deshalb lasse ich nichts
unversucht, und daß es in einem unver-

schönten Ton von mir passiert ist, das kann mir keiner nachweisen. Das kann mir keiner Nachweisen. Das spielt keine Rolle für mich. Aber meine Herren, wir kommen nicht weiter, wir müssen uns mehr an den VA-Beschluß halten. Wollen wir einmal noch berichtigen, oder nicht?"

Worauf sich Albrecht zu Worte meldete:
„Im Grunde ist sie doch erledigt. Die Sache, nicht besichtigen."

Der Bürgermeister fragte:
„Ist das der Antrag?"
Albrecht antwortete:
„War ein Antrag."
Der Bürgermeister fragte:
„...weitere Wortmeldungen sind sowieso nicht?"
Der Schachtmeister meldete sich zu Wort:
„Ich hab ´ne persönliche Frage. Gestattest Du? An den Baumeister.",
aber Eggers wird es zu bunt:
„Na, nun ganz kurz zur Sache. Ich sehe das Schreiben heute Abend hier das erste Mal." Er nimmt kurz Stellung und teilte mit: „...und deshalb verzichte ich auf eine Besichtigung."

Der Schachtmeister wird persönlich und sagt zu seinem Parteigenossen, dem Baumeister:
„... bist Du denn bereit, das anzuerkennen, daß äh, wenn die Mühlenstraße aus-

gebaut wird, daß Du dann mit ¾ zu diesem Gebäude herangezogen bist."

Der Baumeister macht es komplett:
    „Je zur Hälfte."
Der Schachtmeister sagt zu ihm: „
    Beim Ausbau der Straße. Ja? Einmal das volle Grundstück und das Grundstück II, Schlesische Straße, zur Hälfte.
Der Baumeister sagte:
    „Ach so meinst Du das."
Der Schachtmeister zwinkert und ergänzt:
    „Ja, also ¾ ... von dem Grundstück."
Der Baumeister antwortet kleinlaut:
    „Ja."
Der Schachtmeister erklärt ihm:
    „Denn ich bin davon ausgegangen, deswegen hab´ ich gefragt hier, den Ratsvorsitzenden, ob das ein Grundsatzurteil ist. Ich bin davon ausgegangen, daß die Gemeinde, daß denn empfohlen hat und es auch von der Samtgemeinde anerkannt worden ist. Daß das einmal ein Anliegerstück ist, o. k. Ein Einliegergrundstück ist, ehm, an der Mühlenstraße und das andere ein, äh, Grundstück, an der Schlesischen Straße. Davon bin ich ausgegangen, denn, äh, ich will das nicht weiter vertiefen. Aber das war unsere Empfehlung und das hängt ja auch als Begründung, bei ´ne Abstimmung, denn ich mußte dann für meine Fraktion sagen, daß wir uns der Stimme enthalten hätten oder auch grundsätzlich enthalten werden. Denn wir gehen

davon aus, daß grundsätzlich dann eben so geteilt werden müßte, wie es eben vorgetragen wurde."

Der Baumeister erklärt ihm nochmals:

„Es geht hier ja nicht um die Teilung, es geht um die Aussage des Bürgermeisters." – Der Schachtmeister entgegnet ihm:

„Das ist ja dann, ... das ist ja dann ..." Albrecht geht dazwischen:

„... äh, meine Herren, ich hatte den Antrag gestellt, darüber abstimmen zu lassen, wir verzichten auf die Besichtigung ... Dann bitte ich zur Abstimmung."
Der Bürgermeister sagte daraufhin:

„Gut, äh, laß ich jetzt abstimmen, für den Antrag von Albrecht. Der den Antrag gestellt hat, den Antrag des Baumeisters, auf Besichtigung des Grundstückes an der Schlesischen Straße, Eckgrundstück Mühlenstraße, zu verzichten. Wer ist für die Annahme dieses Antrages, ich bitte um Handzeichen dafür."

Der Schachtmeister sagte:

„Wir können zustimmen."
Er meinte indirekt, was dieses sei: „Wir teilen uns?"

Der Bürgermeister dankte sehr.

„Wer ist dagegen? - Stimmenthaltung? Danke! – Acht Ja-Stimmen und eine Enthaltung.", stellte er fest.

67

„Also ist die Sache erledigt."

----

j. d. s.